CHANT

DE SULMALA,

IMITATION D'OSSIAN;

Par DORION.

AN IX.

CHANT

DE SULMALA.

Comor, un héros de ta race
D'Albion vogue vers Érin.
D'Atha le noble souverain
Frémit des maux qu'il lui retrace.
Dans Cluba, triste, épouvanté,
Ton peuple gémit de ses pertes.
Entre ses deux rives désertes
Le Lumon roule ensanglanté.

Privé de gloire et de famille,
D'Inisfal Comor n'est plus roi.
D'un vainqueur l'inflexible loi
Lui ravit sa dernière fille.
Les bras chargés d'indignes fers,
Près d'abandonner son vieux père,
Sulmala, toutefois, espère
Les secours à son peuple offerts.

A travers la nue épurée ;
Un souffle aride des autans,
Elle voit des tissus flottans
Blanchir sur la vague azurée :
Elle voit les mâts s'épaissir ;
Les vaisseaux, s'approchant bondissent ;
Soudain, les poupes s'agrandissent,
L'Océan vient de s'éclaircir.

L'onde reflète un jour mobile,
Tremblant au front des matelots,
Leur esquif glisse sur les flots,
Emporté d'une rame agile.
Comor, voilà tes défenseurs,
Du Lumon ils cherchent la plage.
Mais toucheront-ils le rivage
Où veillent d'affreux ravisseurs ?

Cependant un héros s'élance
Contre leurs rangs mal affermis.
Lumon, ne crains plus d'ennemis,
Cathmor a fait briller sa lance.
Suspends, Comor, son bouclier.
Le vaincu se livre aux tempêtes :
On n'entend que le bruit des fêtes
En ton palais hospitalier.

Chantres, des guerriers d'Inistore,
Vantez, illustrez les exploits.
Fameux dans les tems d'autrefois,
Vingt races les diront encore.
L'avenir, à la gloire instruit,
Du brave enviera le salaire :
Et le courage héréditaire
De vos chants deviendra le fruit.

Dans vos éloges qu'il inspire,
Si Cathmor trouve des leçons,
Insensible à vos doctes sons,
La blonde Sulmala soupire.
Ses yeux s'arrêtent sans dessein ;
Un charme puissant les attire,
Sa lèvre affecte un doux sourire :
Mais des soupirs gonflent son sein.

Fille des rois, quel soin agite
Ton silence mystérieux ?
Les regards que cherchaient tes yeux
Te disent ton héros palpite.
Quel trouble en votre ame conçu !
Tel de cerfs un couple timide
Porte en son cœur le trait rapide
Qu'il n'a point encore aperçu.

Les chants, la bruyante alégresse
Animent leurs joyeux banquets ;
Tous les souvenirs inquiets
Déjà se noyaient dans l'ivresse.
Un hérault vient. Les chefs, le roi,
Sur son front lisent l'épouvante.
Dans leurs mains la coupe est tremblante,
Et le héros pâlit d'effroi.

Dans Erin le cri de la guerre
Se mêle au bruit des noirs torrents.
Là, de Morven les chefs errants,
De Cathmor égorgent le frère ;
Et lorsqu'il meurt loin de Cathmor,
Les vents soufflent sur d'autres rives,
Devant Cluba, trois jours captives,
Les voiles reposent encor !

Triste, d'un tendre amour blessée,
Où fuit la belle Sulmala ?
Va-t-elle aux échos du Lona
Se plaindre, errante, délaissée ?
Va-t-elle, à travers les forêts,
Où jadis l'invitait la chasse,
Pensive, abandonner la trace
D'un cerf à l'abri de ses traits ?

La nuit vient. Dans leurs champs humides
Le vent fait gémir les roseaux.
Cathmor, de ses légers vaisseaux,
Déployait les ailes rapides.
Un jeune guerrier s'offre à lui,
Sur ses pas cherchant la victoire.
  Cathmor l'associe à sa gloire;
Et part fier d'un nouvel appui.

Lorsque sur l'onde qui l'entraîne
Il a vu fuir les bords charmants,
Où les vœux d'un peuple d'amants,
D'Inisfal implorent la reine :
Éprise, elle dompte la peur :
Tout son corps gémit sous les armes :
  Le fer hideux masque ses charmes;
Sa main porte un glaive trompeur.

Ensemble ils touchent les rivages
Où Caïrbar sera vengé.
Dieux ! que son palais est changé,
Quels débris ! quels affreux ravages !
Voilà son glaive suspendu ;
Voilà sa dépouille honorée.
Aux cris de sa veuve éplorée
Le mont plaintif a répondu.

Il n'est plus. La pierre immobile
Renferme ce guerrier fameux.
Fils des héros, vaillant comme eux;
Leur tombe est aussi son asile.
Ses chiens ont fait hurler les airs.
Un chantre illustre son courage.
Son ombre, du sein d'un nuage,
evient sous des lambris déserts.

Tout-a-coup de hordes terribles;
Les monts de Mora sont noircis.
Là, sur son char Cathmor assis,
Contemple ses chefs invincibles.
Tour-à-tour de lui reconnus.
Sous leur enseigne menaçante,
Au signal de sa voix puissante
Ils agitent leurs glaives nus.

C'est Foldar, au coup-d'œil rapide :
L'aspect farouche d'Idala :
Le front superbe de Morla :
Fellomor de dangers avide :
Cormalo plus prompt que ses traits :
Rynon bravant la mort qu'il lance :
Simos orgueilleux de sa lance
Rivale du roi des forêts.

Cependant

Cependant s'avancent plus lentes,
Fières du butin des vaincus,
De Morven les nobles tribus.
Par-tout de fer étincelantes.
Fingal les range sous ses lois,
Fingal père de la victoire,
Fingal chargé d'ans et de gloire,
Mais insatiable d'exploits.

Ranimant son antique audace,
Sur le perfide Caïrbar,
Il a vengé l'ombre d'Oscar,
Oscar noble espoir de sa race.
Mais au premier assaut livré,
Ses chefs ont fui; ses guerriers cèdent.
Quels périls affreux les obsèdent ?
Cathmor, à leurs yeux s'est montré.

Cathmor, laisse errer dans la fuite
La frayeur de tes ennemis.
Par-tout, ou vaincus ou soumis
Leurs chefs ont lassé ta poursuite.
Quitte ce fer, jeune vainqueur.
Rassasié d'un long carnage,
Charme d'une plus douce image
Les tendres soucis de ton cœur.

Vers le palais de ton amante
En vain s'égarent tes soupirs.
Celle qu'appellent tes désirs,
Des bois d'Érin n'est point absente,
Près de toi les jours et les nuits,
Tu l'appelles : elle t'écoute,
Et le chagrin qu'elle te coute
Excite en secret ses ennuis.

Lasse de gémir attachée
Au joug de l'austère pudeur,
Souvent, son inquiéte ardeur
Veut trahir une amour cachée.
Confuse, elle hésite... Ses vœux
Flattés d'un hymen qu'elle espère,
Le soin de sa gloire, son père
Répriment ses tendres aveux.

La nuit que dévancent les ombres
S'abaisse du sommet des monts.
Le Nord de ses faibles rayons
Blanchit déjà les vagues sombres.
Des fantômes peuplent les cieux :
Le vent gronde, au loin, sur la terre,
Et sur l'affreux champ de la guerre
Règne un effroi silencieux.

Près du chêne où le feu pétille,
Cathmor assemble ses héros.
Charmant les douceurs du repos,
Au milieu d'eux un chantre brille.
C'est Fidil amant des déserts,
Chantre heureux dont Érin s'honore;
La harpe sous ses doigts sonore,
A sa voix unit ses concerts.

Jaloux d'une longue mémoire,
Et tour-à-tour chantre ou guerrier,
La harpe et le fer meurtrier
L'assurent d'une double gloire.
Cher aux mortels, aimé des dieux,
Le feu sacré de son génie
Enflamme sa docte harmonie
Et ses accens mélodieux.

» Que vois-je au loin, sur ce rivage?
» Quel peuple entoure ce guerrier?
» De la paix son front est l'image.
» Son bras soutient un bouclier.
» Sur ses yeux erre, à l'aventure,
» L'ébène de sa chevelure
» Jouet léger des Aquilons;
» Tel, quand la nuit est disparue
» Cona voit luire dans la nue
» L'astre levé sur ses vallons.

» C'est le roi des grottes profondes ;
» C'est le magnanime Fingal.
» Il brave la fureur des ondes
» Pour revoir le fils de Comal.
» Clessmor, quels ennuis si funestes
» De tes jours consument les restes ?
» Tu fuis l'aspect de tes héros
» L'œil fixé sur une autre terre,
» Clessmor... Du Lora solitaire
» Ta plainte attendrit les échos.

» D'où naissent tes longues allarmes,
» Lui dit le héros des vieillards ?..
» Mais je vois tes pénibles larmes
» Se dérober à mes regards ?
» Quelque bien que ton cœur regrette,
» Pourquoi de l'amitié discrette
» Ne pas éprouver les secours ?
» Et pourquoi, dans la solitude,
» Nourrir la sombre inquiétude
» Où se consument tes vieux jours ?

» Clessmor répond : de ma jeunesse
» Comment retracer les combats ?
» O triste sort de la vieillesse !
» L'arc ne fléchit plus sous mon bras ;
» Le poids d'une lance m'affaisse.
» Telle n'était point ma faiblesse

» Quand, fier ennemi du repos,
» Et las d'une paix importune,
» J'osais confier ma fortune
» Au caprice orageux des flots.

» O doux Clyde ! O rive chérie !
» Aimable et dangereux séjour,
» Tu fis oublier la patrie
» A Clessmor vaincu par l'amour.
» Dégagé du soin des batailles,
» Glota, tu vis, dans tes murailles,
» Briller mon front victorieux ;
» Quand, pour illustrer sa famille,
» Thamire m'unit à sa fille,
» Astre éclatant de ces beaux lieux.

» La Nymphe en mes bras amenée,
» Éprise des mêmes désirs,
» Me suit au palais d'Hyménée
» Séjour des plus heureux loisirs.
» Mon rival l'apprend. Ses cohortes
» Du palais assiégent les portes.
» Tout fuit ; on succombe à l'instant.
» Moi seul, au milieu du carnage,
» Du glaive, je m'ouvre un passage
» Un vaisseau dans le port m'attend.

» Tor; sur le rivage, isolée,
» Gémissante de mes sanglots,
» Dora, ton amour désolée
» Mêle sa plainte au bruit des flots.
» Séparés, nos regrets s'unissent.
» D'un même effroi nos fronts pâlissent
» Quand les vents m'écartent du bord.
» Rejeté sur une autre rive,
» Tu m'apparais, ombre plaintive
» Et messagère de la mort.

» Au milieu des forêts errante
» Tu vins t'offrir à mes regards ;
» Telle on voit la lune naissante
» Percer la vapeur des brouillards :
» Quand des vents la paisible haleine
» Sème, au loin, sur l'aride plaine
» La neige épandue en flocons ;
» Et lorsqu'un jour pâle, tranquile,
» Guide, à peine, vers son asile
» Le chasseur glacé sur les monts

» GLOTA, de tes tours orgueilleuses
» Le faîte rampe humilié :
» Et sur tes murailles fangeuses
» Le Clyde se perd oublié.

» Tout périt. Cités, rois, empire.
» Les dieux, de tout ce qui respire
» Comptent les rapides instants.
» Seule, du tombeau triomphante
» La gloire que l'audace enfante
» N'a d'autres bornes que le tems.

» Fils d'Érin, troupe révérée,
» Célébrez la Nymphe aux doux yeux,
» Et qu'à nos accords attirée,
» Son ombre se plaise en ces lieux.
» Comptez-la parmi vos compagnes,
» Antique honneur de nos montagnes;
» Vierges, délices des héros,
» Dieux, charmez sa mélancolie,
» Que dans votre sein recueillie,
» Elle y savoure un long repos. »

Il dit. La corde frémissante
Plus tristement a soupiré.
Le son, dans les airs expiré,
Frappe la grotte gémissante.
Les guerriers poussent des sanglots.
Tel on voit, sur l'empire humide,
Le vent, de son souffle rapide
Soulever les paisibles flots.

Fidil, cesse de faire entendre
Les doux sons de la harpe d'or.
Sur le front du triste Cathmor
Un voile obscur semble s'étendre.
Il te dit : Tes accords touchants,
Fidil, excitent trop de larmes.
Aux braves nourris dans les armes,
Il faut de plus mâles accents.

Au milieu des champs du carnage
Vit-on nos pères désolés
Donner à leurs fils immolés
Des pleurs indignes du courage ?
Ils les vengeaient : puis, triomphans
Sous le chêne de la victoire,
Des fiers monumens de leur gloire
Paraient le deuil de leurs enfans.

Il dit. La lance redoutable
Arme son bras. Un écuyer
Présente au héros le coursier
Sous tout autre maître indomptable.
De ses naseaux le feu jaillit.
Les pieds brûlans, la tête altière,
Sur son cou s'enfle sa crinière,
D'impatience, il tressaillit.

Il emporte d'un vol rapide
Le héros qui presse ses flancs.
Tandis que les guerriers plus lents,
Tremblent pour leur chef intrépide,
Il s'offre à mille combattants.
Tel un roc, quand l'orage gronde,
Voit, à ses pieds, se briser l'onde
Que soulèvent les noirs autans.

Près du héros un torrent roule.
Là, de son peuple abandonné :
Là, d'ennemis environné,
Il frappe. Son fer fend la foule ;
Et sur son coursier effréné,
S'ouvre au sein de l'onde orageuse
Une retraite courageuse
Aux yeux du vainqueur consterné.

Dans la nuit ; sa voix entendue
Ramène à lui, de toutes parts,
De ses guerriers, au loin épars,
La foule errante et confondue.
Vaincus pour la première fois,
Sur leur front la honte est empreinte.
Aucun d'eux n'aborde sans crainte
Un chef qu'illustrent tant d'exploits.

CATHMOR, d'un coup d'œil les ranime,
Seul reproche digne de lui.
Le glaive dans leur main à lui :
Signal d'une ardeur magnanime.
Terribles, ils pressent leurs rangs.
Morven pâlit. Affreux présage !
Que de sang assouvit leur rage !
Quel tas de morts et de mourants !

FINGAL, de leurs lignes fatales,
Seul, rompt le choc impétueux ;
Et dans les rangs tumultueux
Laisse de sanglants intervales.
Érin, déplore tes revers.
Tes défenseurs en foule tombent ;
Aucun ne cède, tous succombent,
Leur chef vivra-t-il dans les fers ?

IL fuit ! dieux ! qui s'offre à sa vue ?
Sulmala ! près de son héros,
Bravant les mortels javelots,
Sa faible valeur fut déçue.
Et par des vainqueurs menaçans,
Du brave Cathmor séparée,
Dans les bois long-tems égarée,
Le sommeil a surpris ses sens.

On voit l'or de sa chevelure
Sur la neige de son beau sein.
Seul appui de son front serein,
Son bras posé sur une armure.
Un chien surveille son coursier.
Près d'elle est l'épée innocente :
De sa main faible et languissante
S'échappe le dard meurtrier.

Elle, en un songe qui l'égare
Revoit les champs de ses ayeux.
Près d'un torrent, s'offre à ses yeux
La chasse qu'Albion prépare.
Tout s'éveille avec le matin :
Les vents échappés au rivage
Des bois font murmurer l'ombrage
Ému de leur souffle lointain.

L'Arc tendu, Cathmor, auprès d'elle,
De l'œil lui trace le chemin.
Il arme sa docile main
D'un javelot au but fidèle.
Ce songe heureux charme ses sens ;
Et de Cathmor, à sa pensée,
La douce image retracée
Flatte ses désirs innocens.

3 *

La Nymphe, entr'ouvrant sa paupière,
Regrette un bonheur mensonger.
A travers un voile léger
Son œil cherche encor la lumière.
Cathmor ! Est-ce lui que je vois ?
Douce erreur d'une ame troublée.
Au son de ta voix éveillée,
Je te cherche en vain près de moi.

Astre des nuits, perce la nue,
Spectres, fuyez silencieux :
Étoiles, brillez dans les cieux
Pour offrir Cathmor à ma vue.
Guerriers, suspendez vos combats,
Mers, calmez-vous. Écho, sommeille.
Laissez, sans trouble, à mon oreille
Arriver le bruit de ses pas.

Qui s'avance ? Est-ce encore un songe ?
Tout se tait... Sa voix a parlé,
Le feuillage, au loin, a tremblé,
Un cri, dans les airs, se prolonge.
C'est lui. Cathmor ! Cathmor ! O ciel !
Il a péri. Son ombre vaine
Traversant la vapeur lointaine,
Va s'unir au peuple immortel.

Du héros charmé de l'entendre
L'ombre fuit le palais des dieux ;
Et d'un nuage radieux
S'échappe sa voix noble et tendre :
» Les fils de Morven ont vaincu,
» Sous leurs coups mon peuple succombe,
» Chère épouse, élève ma tombe
» Aux lieux où Cathmor a vécu.

L'OMBRE dit. La Nymphe éplorée
Ressent de mortels douleurs ;
On voit rouler d'amères pleurs
Sur sa bouche décolorée.
Son œil poursuivant le héros,
Des cieux croit franchir l'intervale.
Sa voix gémissante n'exhale
Que des plaintes et des sanglots.

LES vieux rocs, les plus hautes cimes,
Arrêtent, seuls, ses pas errants.
Ses yeux des gouffres dévorants
Mesurent les profonds abîmes.
Elle aime l'aspect des hivers,
Les glaçons, les bois sans verdure,
Comme si la triste nature
Compatissait à nos revers.

Mais un hérault guide vers elle
Ossian messager de paix.
Les yeux couverts d'un voile épais,
Sa main tremble, son pied chancelle.
Viens, lui dit le chantre vieillard,
Que mon palais soit ta demeure.
Pleure Cathmor. Ossian pleure
La perte de son cher Oscar.

Qu'un autre plus heureux s'enivre
Des chimères de l'avenir ;
Qu'il goûte encor le souvenir
Des biens auxquels il peut survivre.
Voilez ma harpe de cyprès.
Adieu, gloire. Adieu, renommée.
Cette voix n'est plus animée
Que par l'accent de mes regrets.

L'espoir n'est qu'un heureux mensonge,
Ton amour en fut trop séduit.
Du chasseur que surprend la nuit,
La jeunesse nous peint le songe.
A peine il se livre au sommeil,
Bercé de riantes images,
La nue enfante les orages
Qui vont effrayer son reveil.

FIN.

www.ingramcontent.com/pod-product-compliance
Lightning Source LLC
Chambersburg PA
CBHW062005070426
42451CB00012BA/2688